¿Dónde está mi gato?

Texto y fotos por
Anjeanetta Prater Matthews

¿Dónde está mi gato?

Él está encima del carro.

¿Dónde está mi gato?

Él está encima de los

escalones.

4

¿Dónde está mi gato?

Él está en el zacate.

6

¿Dónde está mi gato?

Él está sentado en la banca.

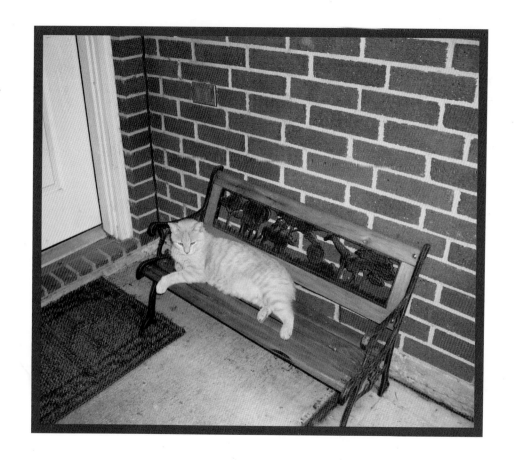

¿Dónde está mi gato?

Él está debajo del carro.

¿Dónde está mi gato?

Él está al lado de los árboles.

¿Dónde está mi gato?

Él está en su camita.

¡Buenas noches gato!

14